LA
REVENDICATION

BROCHURE POLITIQUE

PAR

Adolphe ROYANNEZ.

———

PRIX : 1 FRANC

———

TOULOUSE

IMPRIMERIE GÉNÉRALE PAUL SAVY

Allées Louis-Napoléon, 10 bis.

—

1869

LA

REVENDICATION

BROCHURE POLITIQUE

PAR

Adolphe ROYANNEZ.

PRIX : 1 FRANC

TOULOUSE

IMPRIMERIE GÉNÉRALE PAUL SAVY

Allées Louis-Napoléon, 10 bis.

1869

AVANT-PROPOS

Le petit opuscule que voici est le recueil de six articles publiés la semaine dernière dans l'*Emancipation*. Son titre dit assez ce qu'il contient; le nom de son auteur garantit le bon sens et le patriotisme des conseils qui y sont donnés à la démocratie, et le radicalisme pratique des conclusions qui y sont dévéoppées.

C'est également une pensée de dévouement républicain qui nous fait réunir en brochure le travail si remarqué et si remarquable de M. Adolphe Royannez. Nous ne sacrifions pas seulement en cette circonstance à un devoir de propagande, nous faisons œuvre de fraternité et, nous venons engager tous nos amis à y participer.

Condamné à l'amende et à la prison pour avoir, dans une brochure intitulée *La France sous Napoléon III*, imprimé au front du gouvernement impérial le fer rouge d'une ardente et mortelle discussion, notre excellent collaborateur attendait en Espagne la fin du régime dont il avait mis à nu la gangrène morale et politique, lorsque l'amnistie, — cet expédient gouvernemental — est venu le relever des sévérités de la justice.

Mais tel est le génie malfaisant du despotisme qu'alors même que, dans un but égoïste, il répare ses torts et semble revenir à résipiscence, les victimes de ses violences se trouvent la plupart du temps dans l'impossibilité de ressentir les effets de son hypocrite magnanimité. Quand l'amnistie est venue froisser Royannez dans sa dignité, les privations de l'exil en rendaient pour lui le bénéfice complètement illusoire : il n'avait pas les moyens de rentrer en France avec sa femme et ceux de ses enfants que la misère ne lui a pas ravis.

Le prix de la vente de cette brochure est destiné à pourvoir aux frais de rapatriement de notre ami. Nos coreligionnaires se feront certainement un devoir de pieuse solidarité d'apporter leur obole à cette œuvre fraternitaire. Nous le leur demandons au nom des mérites de Royannez, au nom de la sainteté de notre cause, et pour le triomphe de l'idée republicaine, dont notre excellent collaborateur est un des plus ardents écrivains et veut être, au jour de la revendication effective, un des plus valeureux soldats.

Armand DUPORTAL.

LA REVENDICATION

I.

Depuis les trop fameuses nuits de décembre 51, la France paraît divisée en deux parties bien distinctes, constamment opposées l'une à l'autre : la première — que l'on pourrait appeler une France factice — composée de tout ce qui, de près ou de loin, directement ou indirectement, émarge au budget et vit dans les douceurs du commandement, de l'irresponsabilité et de l'agiotage ; la seconde — qui constitue la France vraie et réelle — formée de tout ce qui, par le travail et le commerce, contribue à la création de la richesse et de la grandeur des peuples.

Or, jamais l'antagonisme que le coup d'Etat a fait naître entre ces deux parties de la nation, — la gouvernante et la gouvernée — ne s'est manifesté d'une façon aussi évidente et aussi caractéristique, aussi nette et aussi indéniable, que lors des grandes assises populaires de mai et juin derniers. Bien qu'il n'y eût guère motif de l'espérer, étant connus les principes et les coutumes de l'empire, certaines gens s'illusionnaient au point de croire que le verdict rendu alors par le peuple — et qui a été confirmé depuis par toutes les élections municipales qui ont eu lieu— serait pris en considération par le gouvernement, et que celui-ci s'empresserait de remettre la France en libre possession et disposition d'elle-même, rendant enfin bénévolement à la patrie la direction de ses affaires, tant intérieures qu'extérieures. C'était là, du moins, ce qu'avait demandé la France au dernier scrutin général ; c'est cet honorable et légitime sentiment de revendication de ses droits, de sa dignité et de sa liberté qui lui a mis à la main les bulletins de vote qu'elle a déposés dans les urnes électorales, et c'est ce qu'aurait dû voir et comprendre le chef de l'Etat, s'il n'eût pas été aveuglé par le fatal et orgueilleux entêtement du *moi providentiel* qui a déjà perdu tant de dynasties et qui en perdra tant d'autres encore.

Au lieu de céder aux vœux de la nation, comme c'était son devoir — et aussi son intérêt bien compris — le gouvernement impérial, — qui traite un peu plus mal et militairement la France qu'un conquérant habile et intelligent ne traiterait un pays conquis par ses armes — le gouvernement impérial, disons-nous, ne sut que répondre par une insolence et un défi à la volonté du peuple, laquelle n'a de valeur à ses yeux qu'autant qu'elle est conforme à ses désirs.

L'insolence fut la brutale suspension des séances du Corps législatif, au moment où celui-ci se trouvait en pleine vérification des pouvoirs des députés; le défi fut la prolongation de cette suspension, qui devait constitutionnellement prendre terme le 26 octobre dernier, jusqu'au 29 du mois courant. La nation, dont l'épiderme, après dix-sept ans de résignation dans l'esclavage, paraissait être devenu passablement calleux et dur, ressentit cependant fort vivement l'affront de ce défi. L'indignation publique acquit même un tel degré d'intensité que le gouvernement se vit, un moment, assez sérieusement menacé pour se croire à la veille d'un 10 août, d'un 30 juillet ou d'un 24 février, et pour prendre d'imposantes et énergiques mesures de défense.

Toutefois, ce ne fut qu'une fausse alerte, une alarme un peu chaude, si l'on veut, mais qui se refroidit d'elle-même ; et, le 26 octobre au soir, contrairement aux craintes du matin, l'empire put, avec les *bons citoyens* de MM. de Maupas et Piétri, se coucher et dormir tranquille. Grâce à la *prudente sagesse* de nos *irréconciliables assermentés*, cette fameuse journée — qui aurait pu devenir pour la patrie un jour de délivrance, une date mémorable à inscrire dans les fastes glorieux de l'humanité, si nos députés actuels eussent été à la hauteur et eussent eu dans les veines quelques gouttes du sang de nos pères de la Révolution, géants immortels qui ont fait trembler sur leurs trônes tous les rois de l'Europe et renouvelé les principes et la face du vieux monde — cette fameuse journée du 26 octobre s'est bénignement passée, sans aucun incident digne d'être noté, et sans que les gentils et coquets chassepots aient eu l'occasion de faire encore une fois merveille, comme à Mentana, à la Ricamarie et à Aubin. C'est très bien, et tout est pour le mieux dans la plus débonnaire et plus constitutionnelle des oppositions possibles.

Mais tout serait-il donc dit de la sorte et n'y aurait-il plus jamais qu'à se croiser stoïquement les bras en présence des insultes et des provocations d'un pouvoir prévaricateur, enhardi par l'impunité et se croyant désormais le droit de se livrer sans ménagement aucun à toutes les débauches d'une politique arbitraire sans principes et sans frein ?

La France serait-elle donc condamnée à la honte à perpétuité, et doit-elle, jusqu'à la consommation des siècles, s'incliner lâchement devant des maîtres despotiques déclarés responsables en droit, mais rendus irresponsables et inviolables en fait, par la toute-puissante protection qu'ils trouvent dans la terreur qu'inspirent aux masses désarmées les engins meurtriers derrière lesquels ils s’embusquent et s’abritent ? Faut-il, enfin, que le peuple soit toujours injurié, bafoué, battu et content, parce que les soldats, munis d’un armement formidable, peuvent massacrer et tuer en quelques heures, sans aucun danger pour eux, toute la population de l’une des premières et plus grandes capitales du monde ?

Et si le peuple, qui a bien le droit de perdre enfin patience, ne veut pas endurer plus longtemps une telle situation, qu’a-t-il à faire ? Doit-il recourir à l’insurrection, ou chercher la transformation par les voies légales et pacifiques ? Mais cette transformation pacifique est-elle seulement possible et, d’autre part, le peuple est-il en état de s’insurger ?

Telles sont les questions — et il y en a une foule d’autres de ce genre — auxquelles donne lieu la triste situation actuelle. Or, ces questions — nul ne voudra le nier — sont de la plus haute gravité. Il ne peut s’en présenter de plus sérieuses. Elles entraînent avec elles, suivant l’issue de la solution qui leur sera donnée, de terribles conséquences et de redoutables responsabilités. Il importe donc au parti de l’action révolutionnaire de les étudier avec le plus grand soin, afin d’agir ensuite avec ensemble, avec l’approbation et l’appui de tout le pays.

Et nous disons qu’une telle étude importe au parti de la révolution, parce que c’est ce parti — tant calomnié et si volontiers traité de *brouillon* par les indifférents, par les esprits froids, timides et indécis — qui doit remettre et remettra la France en possession des libertés et des droits revendiqués par elle lors des dernières élections.

Le parti de la Révolution ! Combien de gens le maudissent, faisant de lui, sans le connaître, une espèce de bouc-émissaire chargé de toutes les fautes, de tous les malheurs et de toutes les iniquités du temps présent ! Pour ces gens-là, calomniateurs inconscients et par répercussion, le parti de la révolution est le seul coupable et responsable de tout ce qui se dit et se fait dans le monde. Si la rente baisse, c'est la faute du parti de la révolution et il en est de même si elle monte scandaleusement; s'il pleut trop, c'est la faute du parti de la révolution, et c'est encore sa faute si la sécheresse est trop grande ou se prolonge trop. Si le commerce ne va pas, si le travail chôme, si les ateliers se ferment, si les banquiers font faillite, si les actions des grandes compagnies financières ne rapportent rien, si le pain est cher, si les loyers et les impôts augmentent, c'est encore et toujours la faute du parti de la révolution, qui semble aujourd'hui avoir succédé à Voltaire et à Rousseau. Encore un peu, ce sera sa faute s'il y a des maris volages et des femmes infidèles, s'il naît des idiots, des goîtreux, des borgnes et des bossus.

En vérité ! tout cela est absurde. Il y a, à la

fois, injustice et ingratitude à incriminer ainsi le parti de la révolution, à propos de tout, et nous nous insurgeons, à la fin, contre une telle iniquité ! Au lieu de l'accuser, on devrait le chérir, car, c'est à lui que sont dûs les progrès, toutes les conquêtes de la liberté.

Sans lui, la royauté triomphait du 18 août 1792, et il n'y avait pas de Convention nationale ; sans lui, tout ce qu'a créé cette grande et immortelle assemblée serait encore dans le néant ; sans lui, Brunswick se rendait maître de toute la France ; sans lui, les ordonnances de Charles X nous ramenaient au bon vieux temps de l'absolutisme de droit divin ; sans lui, le suffrage universel n'existerait pas en France, et il y aurait encore chez nous des parias politiques ; sans lui, il n'y aurait plus aujourd'hui aucun esprit public dans notre patrie émasculée, abâtardie et abrutie par le régime du sabre ; sans lui, enfin, le réveil de la nation n'aurait pas eu lieu, l'étranger nous croirait un peuple mort à jamais, et nous nous trouverions tous au niveau des fellahs de l'Egypte.

Qu'on cesse donc enfin de médire de ce parti de la révolution ; qu'on apprenne à le mieux connaître, et qu'on ait la loyauté de lui rendre justice, à ce parti initiateur et sauveur sans les ardeurs et les impatiences duquel le progrès s'arrêterait dans sa marche vers la lumière et vers l'avenir, l'humanité s'endormant peu à peu dans une indifférence mortelle, qui la replongerait bientôt dans les ténèbres du passé et de la barbarie. — Oui ! qu'on apprenne à le mieux connaître, à lui rendre justice, et qu'on sache le seconder dans ses efforts ; car c'est lui qui, après avoir jadis sauvé la France de la tyrannie des Bourbons, la sauvera aujourd'hui de celle des Bonapartes.

En quoi faisant ?

C'est ce que nous allons examiner dans les chapitres suivants.

II.

Attaquons bravement le taureau par les cornes et recherchons s'il faut ou non, dans les circonstances actuelles et pour l'heure présente, poursuivre par l'insurrection la revendication de nos droits et de nos libertés.

En principe, le droit d'insurrection, inscrit ou non dans la Constitution, existe pour tous les peuples. C'est un droit imprescriptible et perpétuel, dont un peuple peut toujours user quand et comme il veut... au risque, bien entendu, d'être battu et plus fortement opprimé ensuite, si, l'insurrection étant prématurée, il n'est pas le plus fort.

Il y a cependant un cas où l'insurrection devient un crime, c'est lorsque, jouissant de toutes les libertés nécessaires — de presse, de tribune, de réunion et d'association — et pouvant s'exprimer librement par la voix du suffrage universel loyalement et sincèrement pratiqué, sans fraude et sans abus de la part des agents de l'autorité, un parti quelconque recourt aux armes pour s'imposer par la violence au reste de la nation.

Ce crime a été commis par les auteurs du coup d'Etat de 51, lequel n'a été autre chose qu'une vaste conspiration militaire, une espèce de *pronunciamiento* espagnol à rebours, entrepris par la soldatesque, non contre le gouvernement et en faveur du peuple, mais bien contre celui-ci et en faveur de celui-là.

Mais, de même qu'il est des circonstances où l'appel à l'insurrection devient un crime, de même aussi il en est d'autres où ce droit se change pour un peuple en un devoir impérieux. C'est, par exemple et d'abord, lorsque le pouvoir exécutif viole, ouvertement, manifestement, la Constitution que le pays s'est donnée en usage de son droit de souveraineté nationale; c'est ensuite lorsque toutes les voies pacifiques, légales et constitutionnelles étant épuisées par un peuple, celui-ci ne peut obtenir ce qu'il réclame, le pouvoir, au mépris de sa propre loi, persistant et s'entêtant à ne tenir aucun compte des vœux de l'opinion publique, si ce n'est pour aller précisément contre ces vœux et prendre plaisir à les braver effrontément.

Le premier cas s'est présenté pour la France en Décembre 51, alors que, foulant aux pieds ses serments, le président de la République a déchiré la Constitution qu'il avait juré de respecter et de défendre. A ce moment, c'était un devoir sacré, impérieux pour la France de résister au coup d'Etat, qui n'était, en définitive et comme nous l'avons déjà dit plus haut, autre chose qu'une conspiration militaire ; et, lorsqu'elle racontera son attentat, ainsi que son facile et scandaleux triomphe, l'histoire décrètera un jour que, à cette époque néfaste, la France s'est lâchement déshonorée, en se laissant mettre impunément le pied sur la gorge. Mais, si l'insurrection était le devoir et la seule réponse qu'eût à faire le peuple au coup d'Etat, le cas est-il aujourd'hui le même pour la France, et celle-ci s'est-elle de nouveau déshonorée, comme en 51, en ne se levant pas en masse pour protester, même par les armes, contre le dédaigneux décret du 2 octobre ?

Non point: et, si l'on peut regretter, comme symptôme de trop complaisante longanimité, l'attitude pacifique du peuple pendant la journée du 26 octobre, on ne peut, du moins, l'incriminer pour cette attitude, car les circonstances n'étaient nullement le mois dernier ce qu'elles étaient il y a environ dix-huit mois.

Et d'abord, tenu, par la force des baïonnettes de respecter la constitution impériale, qu'il n'a point faite, à la confection de laquelle il n'a nullement concouru, le peuple ne doit nullement s'insurger au nom ni pour le respect de cette constitution. Si le peuple en vient un jour enfin à prendre les armes, ce ne sera pas, comme le firent en 51, Baudin et ses trop rares imitateurs, au cri de Vive la Constitution ! mais à celui de Vive la Liberté ! Donc le peuple n'a pas aujourd'hui le *devoir* de s'insurger pour la défense d'une Constitution qui n'est pas la sienne. Mais a-t-il le *droit* de le faire, pour se délivrer du gouvernement personnel et de l'absolutisme impérial ? Certes, mille fois plutôt qu'une ; et pour nous, qui ne croyons pas à la sincérité du suffrage universel, tel qu'il est pratiqué depuis le renversement de la République, l'affirmative ne fait pas l'ombre d'un doute ; car, le droit ne se prescrivant pas et aucun droit n'existant contre le droit, ce qui était le droit et le devoir hier ou en 51, ou il y a mille ans, est encore, sinon le devoir, au moins le droit aujourd'hui, et le sera encore demain, et toujours.

Mais, dira-t-on peut-être, ce sont là des idées subversives, qui rendent impossible l'existence de toute société. — Nullement, répondrons-nous, puisque, malgré ces idées, aucune insurrection politique n'est venue troubler la quiétude du gouvernement personnel, dans son exploitation en coupe déréglée de la fortune et du sang de la France.

Que les trembleurs se rassurent : le droit à l'insurrection peut être hautement et librement proclamé sans aucun danger pour leur repos. Grâce à la lâcheté et à l'ignorance de la majorité des hommes, ce droit ne sort guère du domaine de l'affirmation théorique et spéculative, où il est également retenu par le nombre et l'importance des difficultés qui s'opposent à son fréquent exercice, le rendant pour ainsi dire illusoire, et faisant de lui une espèce de mythe.

Pour se rendre bien compte des difficultés innombrables qui entourent l'exercice du droit d'insurrection, il suffit de jeter un coup-d'œil sur le récent soulèvement du parti républicain espagnol.

Ce parti — relativement plus nombreux que son pareil en France, puisque, sur une population totale de 16 millions d'habitants seulement, il a pu, d'une part, mettre quarante mille hommes sous les armes, d'après le dire officiel du général Prim, et, d'autre part, envoyer aux Cortès soixante députés républicains, tandis que nous n'en avons pu envoyer la moitié au Corps législatif, bien que le chiffre de notre population dépasse de quatre millions le double de celle de l'Espagne — ce parti, disons-nous, avait pu se donner une vaste organisation, grâce aux libertés dont jouissait la nation depuis le mois de septembre 1868 ; des ramifications et des rapports fréquents étaient établis entre la capitale et les provinces, qui, toutes d'accord entre elles, devaient marcher ensemble... Et, cependant, l'insurrection a été vaincue.

Pourquoi ? — Parce que, provoquée par le pouvoir lui-même, elle était prématurée là où elle a éclaté, les autres provinces n'étant pas encore prêtes à se joindre, à coopérer au mouvement. Les éléments d'une insurrection ne se manient pas aussi facilement que les corps d'une armée disciplinée, et il faut les bien préparer longtemps d'avance, pour qu'ils n'éclatent pas entre les mains de ceux qui veulent les mettre en mouvement.

Pour qu'il puisse être utilement fait usage du droit d'insurrection, il faut que le motif qui arme les citoyens qui jettent le premier c i de guerre réponde à un sentiment général de la nation, afin que celle-ci, se lançant aussitôt en masse dans la mêlée, seconde efficacement le mouvement des initiateurs et l'empêche ainsi de dégénérer en simple émeute. Il faut aussi que, chacun oubliant, dans l'intérêt de la cause commune, ses petites rancunes ou rivalités personnelles, la concorde et la fraternité règnent dans les rangs de tous les hommes sincèrement dévoués à la justice et à la liberté. Il faut, enfin, que, le jour du combat venu, toutes les villes se soulèvent en même temps, comme si elles n'avaient toutes qu'une seule tête et un seul cœur, sans s'inquiéter de ce qui se fait ou ne se fait pas ailleurs et sans s'attendre réciproquement. L'insurrection générale d'un pays, longtemps opprimé et contenu par de nombreuses troupes, ne doit pas s'effectuer successivement mais instantanément, sous peine d'être facilement réprimée et vaincue. C'est l'indécision et la lenteur de certaines provinces espagnoles qui ont permis le triomphe des soldats du régent Serrano, comme la même lenteur et la même indécision avaient déjà, en 51, rendu inutiles les quelques efforts de résistance tentés dans certains départements du centre et du midi de la France.

Les conservateurs le voient... et aussi les impatients, du nombre desquels nous avouons humblement faire partie. Le droit de s'insurger n'est pas d'un exercice très facile, et les peuples ne peuvent guère en faire usage qu'à de très rares intervalles, surtout lorsque, écoutant la voix de l'expérience et de la raison plus que celle de la passion, ils se rappellent que toute insurrection qui ne triomphe pas tourne au profit de la réaction et aboutit à un surcroît de tyrannie et d'oppression de la part du pouvoir. Il ne faut donc recourir à l'usage du droit d'insurrection que quand toutes les voies pacifiques ayant été épuisées l'une après l'autre, il est bien prouvé à tous les yeux, même aux plus prévenus et mieux disposés en faveur du gouvernement, que celui-ci entend considérer, et considère réellement en fait, comme nulles et non avenues, les sommations réitérées de l'opinion publique.

Or, est-ce actuellement là le cas pour la France ?

III

Pour nous et pour tous ceux qui jugent sainement les hommes et les choses du temps présent, il est évident que le gouvernement impérial entend ne rien accorder d'essentiel ou de positif à l'opinion publique, et que celle-ci devra tout conquérir de haute lutte, si elle veut réllement reprendre la direction de ses affaires et le gouvernement du pays par le pays lui-même. Malheureusement, cette opinion, bien que partagée par un très grand nombre d'esprits, n'est pas encore celle de toute la nation. Il existe toujours, en effet, une foule de personnes qui croient l'empire susceptible de s'amender et de satisfaire les aspirations libérales de tous les hommes de ceux qui ne vivent ni des intrigues ourdies dans les antichambres princières, ni de l'exploitation du budget. Ces personnes, loyales et sincères, répugnant à révoquer en doute la bonne foi d'autrui, ne peuvent admettre que nos gouvernants aient l'intention de ne pas tenir leurs brillantes et pompeuses promesses. Or, c'est là une illusion, qu'il importe de détruire au plus tôt, afin d'amener toutes les consciences à former un même jugement sur ce point et à prononcer ensemble, contre les agents et représentants du gouvernement personnel, une condamnation unanime et sans appel.

Les gens qui croient à la possibilité de la conversion de l'empire autoritaire en empire libéral, et que nous voudrions pouvoir tirer de cette funeste et dangereuse erreur, appartiennent généralement à la classe aisée ou bourgeoise, à la banque ou au commerce. Ils sont presque tous intelligents et éclairés, faisant souvent preuve, dans la conduite de leurs affaires commerciales ou privées, d'une grande pénétration et d'une incontestable habileté. Pourquoi donc cette pénétration et cette habileté paraissent-elles les abandonner lorsqu'ils envisagent les affaires publiques, c'est-à-dire les diverses questions de la politique, laquelle n'est autre chose que la réunion en un seul faisceau et l'élévation à la puissance collective de tous les intérêts individuels ou privés !

Ce sont, cependant, les mêmes principes de morale et de justice qui doivent servir à éclairer le jugement dans les deux cas, et le raisonnement que suit un négociant pour se déterminer à accorder ou à refuser sa confiance à un particulier qui lui propose un marché ou lui demande un crédit, est également celui qu'il doit suivre pour savoir si un gouvernement mérite ou non sa confiance.

Cela étant, nous poserons aux conservateurs libéraux, aux amis de l'évolution pacifique et de la temporisation, la question suivante :

Quelle réponse feriez-vous à un homme qui, ayant fait faillite plusieurs fois et n'ayant jamais payé les dividendes promis lors de la signature de ses concordats, viendrait vous emprunter même à courte échéance, mais sans autre garantie que sa parole, un billet de mille francs ?

Assurément, si vous ne vouliez pas perdre votre argent ou en faire cadeau à l'emprunteur, vous répondriez à cet homme que vous ne pouvez lui accorder ce qu'il demande. Instruit par l'expérience, vous ne voudriez pas vous exposer à être dupe... et, nous nous empressons de l'ajouter, vous auriez mille fois raison. Qui a bu boira, dit le proverbe ; qui a failli faillira, qui a menti mentira, et, en règle générale, le proverbe dit vrai. Pourquoi donc, si vous vous souvenez de ce proverbe lorsqu'il s'agit de vos intérêts privés, d'une simple somme d'argent dont la perte peut facilement se réparer, l'oubliez-vous complètement lorsqu'il s'agit d'intérêts généraux beaucoup plus graves, et non plus seulement de votre bourse, mais de votre honneur, de votre dignité et de votre liberté ? Croyez-vous donc qu'un gouvernement habitué au mensonge perpétuel et qui doit son origine au parjure, tiendra mieux les promesses qui lui sont arrachées par la force des choses ou des circonstances, que ne tiendrait ses engagements un débiteur coutumier du fait d'escroquerie ?

Une telle croyance, qu'on nous permette de le dire, serait de la pure folie.

Peut-être nous accusera-t-on de rabaisser singulièrement la politique, en la faisant descendre à ces comparaisons vulgaires. Nous accepterons l'accusation, en déclarant toutefois qu'elle ne nous touche guère, et que nous nous estimerons même très heureux de l'avoir méritée, si nos comparaisons terre à terre ont pu — ce que nous cherchons et désirons avant toute chose — faire pénétrer nos idées dans l'esprit des gens *positifs* — ne pas confondre avec *positivistes* — qui reprochent aux démocrates de n'être pas *pratiques* quand ils se maintiennent dans les nuages de la théorie pure. Cela dit, nous fermons la parenthèse et nous poursuivons.

Donc, étant admis et établi qu'on ne doit pas plus se fier à la parole ou aux promesses d'un gouvernement habituellement infidèle qu'à celles d'un débiteur insolvable, il nous reste maintenant à prouver — pour démontrer que nul ne doit avoir confiance dans la conversion de l'empire — que celui-ci n'a jamais tenu ses engagements et n'a jamais su faire que deux choses : tromper la bonne foi publique, et abuser de la patience des gouvernés.

Or, cette preuve, chacun l'a sous les yeux, évidente et irrécusable. Non-seulement rien de ce que le chef de l'Etat a promis n'a été tenu, mais encore rien n'a été fait de ce que réclamait la nation, dont le héros de Boulogne, de Strasbourg et du 2 décembre a toujours, au contraire — président de la République ou empereur, — méprisé les volontés, parfois même avec forfanterie et insolence. Pour convaincre de ceci les plus récalcitrants, rappelons à la hâte quelques faits saillants.

Le 8 mai 1849, c'est-à-dire le lendemain même du jour où l'Assemblée législative avait blâmé, dans le légitime exercice de sa souveraineté, la tournure réactionnaire et liberticide donnée par le général Oudinot à l'expédition d'Italie, en assiégeant Rome, le président de la République, aujourd'hui Napoléon III, écrivit audit général et fit publier dans le journal officieux la *Patrie* une lettre annonçant que des renforts seraient envoyés, ce qui, en présence de la décision prise la veille par les représentants du peuple, était un affront, un soufflet à la volonté de la majorité parlementaire, un crime de lèse-majesté nationale, une infâme trahison à la République.

Plus tard, — et nous abrégeons pour ne pas rendre ce travail interminable — le même président de la République, au mépris de son serment, renversa les institutions républicaines et commit son coup d'Etat, en employant pour ce fait criminel les moyens pacifiques et moraux que l'on sait.

Plus tard encore, il prononça la célèbre et fameuse phrase : *L'empire c'est la paix*. Et, comme l'empire, qui ne ment jamais, tient toujours toutes ses promesses, il nous a successivement donné les guerres de Crimée, d'Italie, de Chine, de Cochinchine et du Mexique.

L'empire promit aussi de rendre l'Italie *libre des Alpes à l'Adriatique*, et il s'est arrêté à moitié chemin. Il a fallu Garibaldi pour chasser les Bourbons de Naples et de la Sicile, ainsi que pour arracher les Romagnes au joug du prince des prêtres, aux serres rouges et crochues des cardinaux, comme il a également fallu la victoire de Sadowa, remportée par les Prussiens, au détriment de l'influence française, pour que l'Autriche abandonnât la Vénétie.

Quant à Rome, où nous étions alors, faisant le métier de soldats du pape et montant la garde au Vatican, nous y sommes encore, et le porte-voix, le traducteur de la pensée impériale, le Protée Rouher, a déclaré que nous n'en partirions JAMAIS.

L'empire avait promis ensuite de couronner son édifice autoritaire en y ajoutant l'entablement de la liberté. Or, les lois dont il nous a gratifiés sous prétexte de réaliser cette belle promesse ne sont que des piéges et des traquenards.

L'empire déclare respecter le suffrage universel et s'incliner devant lui. Mais, pour n'avoir pas trop à se courber, il le dirige *paternellement*, à l'aide des candidatures officielles qu'il maintient malgré la réprobation publique, ainsi que l'élection des maires à sa discrétion, même d'après le projet de la nouvelle loi annoncée.

Le 12 juillet, l'empire a promis de rendre l'initiative parlementaire aux députés. Mais le sénatus-consulte qui est venu après cette promesse reprend habilement d'une main ce qu'il paraît accorder de l'autre. Véritable chef-d'œuvre de jésuitisme et de contradiction, il n'accorde en réalité rien du tout, ou ce qu'il accorde ne peut servir qu'à créer des conflits.

L'empire n'a donc tenu jusqu'ici aucune de ses promesses, ce qu'il fallait démontrer. Cette démonstration étant ainsi faite, et nous basant sur l'expérience, nous pouvons dire qu'il ne sera pas plus dans l'avenir que dans le passé fidèle observateur de sa parole et qu'il n'y a aucun fondement quelconque à faire sur ses déclarations.

D'où il suit, ainsi que nous le disions tout-à-l'heure, qu'il ne cèdera rien à l'opinion publique et que celle-ci devra tout conquérir de haute lutte.

IV

Si nous n'écrivions que pour des républicains, pour des lecteurs partageant nos con-
victions politiques et sociales, ainsi que nos
griefs contre l'empire, nous n'aurions pas besoin de motiver plus que nous ne l'avons fait
précédemment les légitimes suspicions que
nous inspire le gouvernement et le peu de
confiance que nous avons dans la possibilité
de reprendre la liberté par le jeu pacifique et
régulier de la Constitution qui nous a été im-
posée, bien plus encore qu'octroyée. Mais nous
n'écrivons pas que pour nos amis, convertis
d'avance aux idées que nous soutenons. Ces
lignes peuvent, au contraire, tomber sous les
yeux de personnes ayant une manière de voir
toute différente de la nôtre, estimant même
que la France jouit de toute la somme de liberté, que le peuple le plus exigeant peut rai-
sonnablement désirer. Il nous faut donc aller
au-devant des objections que ces personnes
pourraient nous adresser. Or, c'est ce que nous
allons tenter ici, d'une manière très som-
maire et très rapide.

Une première objection, et qui les résume
toutes, peut nous être faite. On peut, en effet,
nous dire : « De quoi vous plaignez-vous ! N'a-
vez-vous pas, par exemple, la liberté de la

presse jusqu'à la licence? Que voulez-vous donc de plus? » — La réponse est facile.

Ce que nous voulons de plus, c'est, d'abord, que cette liberté de la presse, qui n'existe actuellement, en *fait*, que par le caprice d'une « auguste » volonté, cesse d'être le résultat d'une *tolérance* passagère, mais devienne un *droit* acquis, inscrit dans la loi, de manière à ne plus pouvoir nous être jamais ravi, sous aucun prétexte. Tant qu'il n'en sera pas ainsi, il n'y aura aucune garantie ni sécurité pour les citoyens qui voudront publier leurs idées. Nous voulons donc, sous ce rapport, qu'on nous rende le jury. On le voit, ce n'est pas là demander l'impunité pour la licence, puisque, dit-on, licence il y a. Et cependant, après l'expérience qui se fait en ce moment, où l'ordre n'est nullement troublé malgré ce que l'on appelle les excitations furibondes de la presse révolutionnaire, nous ne voyons pas trop ce que l'on pourrait craindre désormais de celle-ci, ni quel si grand danger il y aurait à la laisser toujours manifester ses rancunes et ses haines, ainsi qu'exposer et développer ses doctrines. Seule, la calomnie doit être poursuivie et punie.

Après la liberté de la presse, ce que nous voulons encore, c'est le droit de réunion et d'association, sans aucune immixtion de la police, qui change les lieux d'assemblées populaires en autant de piéges et de souricières.

Ce que nous voulons, c'est que les dépositaires de l'autorité ne soient plus nos oppresseurs, nos maîtres, mais nos serviteurs; et, pour cela, nous demandons que toutes les fonctions publiques soient temporaires et que la nomination des citoyens chargés de remplir ces fonctions se fasse par l'élection.

Ce que nous voulons, c'est que l'influence et le poids du gouvernement ne se fassent pas sentir dans les élections, pour en fausser l'esprit et arracher au corps électoral, par la peur ou par la corruption, des votes qu'il n'aurait point donnés si on ne l'eût point trompé ou intimidé, à l'aide du curé, du gendarme ou du garde-champêtre.

Ce que nous voulons, c'est que, par l'abolition du serment de vasselage imposé aux députés, le peuple soit enfin libre et maître d'aller prendre ceux-ci là où il lui plaît, et que les élus du suffrage universel et les contrôleurs du pouvoir exécutif ne soient plus les hommes-liges, les subordonnés très humbles, les esclaves presque de ceux-là mêmes qu'ils doivent contrôler.

Ce que nous voulons, c'est que les mandataires du peuple, les législateurs, puissent se réunir pour délibérer valablement en commun, non pas suivant le caprice ou le bon plaisir du chef de l'Etat, non pas seulement à époques fixes et régulières, mais encore chaque fois que l'exigeront les circonstances politiques, intérieures ou extérieures, ainsi que les dispositions de l'esprit public.

Ce que nous voulons, c'est que, par la suppression de l'article 75 de l'an VIII, la responsabilité de tous les fonctionnaires publics, sans exception aucune, devienne effective et réelle, avec le droit et la faculté pour chaque citoyen de poursuivre devant les tribunaux, afin d'en obtenir justice et réparation, les délégués ou agents de l'autorité dont il pourrait avoir à se plaindre.

Ce que nous voulons, c'est que le prêtre, au lieu de vivre du budget, vive enfin de l'autel, comme le comédien vit du théâtre, le commerçant, de sa boutique, l'employé, de son bureau, et l'ouvrier, de son travail.

Ce que nous voulons, c'est qu'il n'y ait plus d'armée permanente, c'est que les centaines de millions, inutilement dépensés chaque année à héberger, dans l'oisiveté des casernes, des soldats qui seraient bien mieux dans les champs ou dans les ateliers, et qui ne servent qu'à étrangler la liberté, soient consacrés à répandre partout les lumières et les bienfaits de l'instruction, afin qu'il y ait moins de pensionnaires dans les prisons et dans les bagnes.

Ce que nous voulons, c'est qu'il n'y ait plus ni cumuls scandaleux ni gros traitements, et que les économies réalisées par cette réforme s'emploient soit à des travaux utiles et reproducteurs, soit à l'amortissement de la dette publique.

Ce que nous voulons, c'est qu'il n'y ait pas plus d'esclaves blancs que de noirs, et que chacun puisse vivre libre en travaillant, le travail étant suffisamment rémunéré pour que nul ne se traîne en haillons ou ne soit tenté de recourir au vol, au crime pour donner du pain à sa femme et à ses enfants.

Ce que nous voulons et revendiquons enfin, et ce que nous nous efforcerons de conquérir tant que nous ne l'aurons pas obtenu, ce sont les conséquences et la réalité des principes de 89, censément reconnus et garantis par la Constitution impériale.

Or, tout cela, qui nous semble ne rien contenir d'exagéré ni de démagogique, peut-il encore une fois être obtenu de l'empire par des voies légales et pacifiques, et celles-ci peuvent-elles contraindre celui-là à s'exécuter, au cas où il serait tenté de faire toujours résistance à l'opinion publique ?

Nous l'avouerons franchement : cela nous paraît impossible. Nous ajouterons même, s'il nous est permis de dire toute notre pensée, que la situation nous semble inextricable. Les choses sont arrivées à un tel point ; l'Empire, appuyé sur les mitrailleuses et les chassepots, s'est tellement emparé et possessionné de la France, que celle-ci est comme enfermée dans un cercle vicieux ou acculée dans une impasse, dont elle ne peut sortir que par une violente secousse.

Et sinon, examinons quelles sont les voies légales et pacifiques dont il peut être fait usage.

V.

Pour nous livrer à la recherche des voies légales et pacifiques dont il peut être fait usage dans le but de reconquérir les libertés perdues, nous ferons abstraction des élections partielles du 22 de ce mois, ou nous supposerons que les nouveaux députés, en se représentant au Corps législatif, se rallieront au programme des irréconciliables élus en mai et en juin.

Une fois la Chambre ouverte, l'opposition, pour engager la bataille parlementaire, interpelle le gouvernement au sujet du défi porté à l'opinion publique par le décret du 2 octobre. Or, voici ce qui peut se produire ensuite :

Ou le ministère actuel se présente, le 29 novembre, devant le Corps législatif, ou il ne s'y présente pas. Si ce sont de nouveaux ministres qui se présentent, l'opposition sera jouée encore une fois, et le pays avec elle, le nouveau ministère répondant à toutes les critiques : « Oui ! c'est vrai ! nous sommes d'accord ! Vous avez mille fois raison ! Les Excellences que nous remplaçons ont été coupables, et Sa Majesté l'empereur en a fait justice en les congédiant. Quant à nous, qui ne sommes ni solidaires, ni responsables des fautes de nos prédécesseurs et qui venons au pouvoir animés du sincère désir de réaliser le mariage de l'empire et de la liberté, nous vous prions d'oublier le passé, qui ne se renouvellera plus, et de ne pas perdre en récriminations oiseuses et inutiles un temps précieux pour les grands et sublimes intérêts qui nous sont confiés. »

Or, quelle serait la réponse qu'obtiendrait un tel langage ? Sans doute, quelques hommes protesteraient et se révolteraient, indignés d'une telle comédie, et ils n'auraient que trop motif de le faire. Mais la Chambre, mais le peuple protesteraient-ils également ? Ne nous faisons pas d'illusion à cet égard. La majorité de la Chambre se déclarerait satisfaite, par discipline monarchique et esprit de conservation. Quant à la majorité du peuple, qui se laisse toujours prendre à la glu des apparences, elle battrait des mains, se disant : « Fh bien ! qu'est-ce qu'ils nous chantaient donc, les révolutionnaires ? Le gouvernement n'est pas si méchant ni si entêté que cela, puisqu'il confesse ses torts et s'incline enfin devant l'opinion publique. C'est peut-être un peu tard, mais mieux vaut tard que jamais. » Et, là-dessus, on verrait éclater une joie universelle, peut-être même allumer et demander des lampions, comme au lendemain d'une grande victoire. — Il faut si peu de chose pour mettre en liesse un peuple habitué à un silence et à un esclavage de dix-huit ans !

Supposons, maintenant, que les ministres actuels ne soient pas changés avant le 29 novembre et se présentent hardiment devant le Corps législatif. Il arrivera alors l'une de ces deux choses : ou ils se retirent devant le blâme de l'opposition, ou l'empereur les maintient auprès de lui et dissout la Chambre.

S'ils se retirent devant le blâme de l'opposition, — ce qui n'aboutira, après tout, qu'à une simple mutation de commis qui ne changera rien au fond des choses, l'empereur restant toujours le maître — l'opposition se chantera un *Te Deum*, et le peuple fera *chorus* avec elle. L'unanimité de l'allégresse ne sera troublée que par les voix discordantes de quelques vrais irréconciliables, que l'on traitera charitablement, sinon d'agents provocateurs, du moins d'insensés ou de mauvais citoyens.

Si, au contraire, l'empereur conserve ses ministres et dissout la Chambre — ce qui est le droit qu'il s'est prudemment et paternellement octroyé dans sa Constitution, — il n'y aura rien à dire — cette dissolution étant juste au fond et même réclamée par une grande partie de l'opinion publique — et tout se trouvera forcément ajourné jusqu'à de nouvelles élections générales, dans lesquelles l'influence gouvernementale et les candidatures officielles joueront leur rôle accoutumé.

Peut-être existe-t-il des gens convaincus que, vu la nécessité de voter le budget, les élections pour la nouvelle Chambre se feraient dans un délai rapproché. Ces gens s'abusent. Les élections auraient lieu cinq ou six mois après la dissolution, à la convenance du gouvernement, qui, en vertu de l'article 33 de la Constitution, n'a nullement besoin du Corps législatif pour se procurer l'argent qu'il veut. En effet, ce dit article 33 de la Constitution impériale établit que « en cas de dissolution du Corps législatif, et jusqu'à une nouvelle convocation, le Sénat, sur la proposition de l'empereur, pourvoit, par des mesures d'urgence, à tout ce qui est nécessaire à la marche du gouvernement. »

L'empereur peut donc parfaitement, si tel est son bon plaisir, se passer complètement de la Chambre, non seulement pour le vote du budget annuel, mais encore pour faire voter des lois de sûreté générale, d'expatriation, de déportation, et même pour se faire allouer les subsides qui lui seraient nécessaires pour une guerre injuste entreprise malgré et contre le vœu de la nation. Le Sénat, composé de ses créatures, le Sénat seul lui suffit et répond à tous ses besoins. Cela est révoltant, nous en convenons sans peine. Mais le pire de la chose, c'est que cela est légal et constitutionnel, et que le peuple n'a qu'à s'incliner, à moins d'être prêt à « passer la parole » à la révolution, c'est-à-dire à user du droit d'insurrection.

Mais nous en sommes à la recherche des moyens pacifiques à employer avant de faire définitivement appel à l'*ultima ratio*. Ne parlons donc pas d'insurrection pour le moment. Conseillons au contraire le calme, le sang-froid, et engageons le peuple, non-seulement à bien accueillir le décret qui prononcerait la dissolution de la Chambre, mais encore à attendre patiemment, aussi éloignée qu'elle pût être, l'époque qu'il plairait au gouvernement de fixer pour les élections.

Or, arrivons tout de suite à cette époque. Le peuple a mis à profit l'intervalle pour se discipliner et marcher au scrutin avec ensemble. Il envoie à la Chambre — mettons tout au mieux, sans toutefois nous trop éloigner de la vraisemblance et du probable — il envoie cinquante irréconciliables déterminés et le triple de tiers-partistes, ces derniers ne voulant pas la mort de l'empire, mais sa conversion au libéralisme. Cependant, résolus à obtenir cette conversion et électrisés par les irréconciliables, ces tiers-partistes se décident à voter des mesures révolutionnaires, quoique pacifiques, telle que, par exemple, et entre autres, le refus de l'impôt. — C'est généralement là un des moyens proposés par les partisans et avocats de la révolution pacifique.

Eh bien ! nous avons le regret, mais aussi le devoir de le dire : si les citoyens ne sont pas disposés à appuyer d'une insurrection générale le refus de l'impôt voté par les députés, ce refus sera, en fait, une vaine démonstration platonique, de nulle conséquence effective, et le pouvoir, appelant à son aide ses bons petits chassepots, percevra quand même les impôts et quelque chose de plus, pour tenir en joie et en haleine ses aimables janissaires.

La révolution pacifique rêvée au moyen du refus de l'impôt est donc une utopie ; car ce refus, que ne voteront jamais des députés d'opposition constitutionnelle, a pour corollaire et conséquence une formidable insurrection, c'est-à-dire une révolution violente.

VI

Le vote du refus de l'impôt conduisant, en définitive et ainsi que nous l'avons dit, à une formidable insurrection, le parti de la révolution, arrivant en majorité à la Chambre, pourrait seul adopter une telle mesure. Mais alors, pourquoi s'arrêter à ces moyens timides et détournés ? Pourquoi ne pas aller nettement, vigoureusement droit au but, en mettant purement et simplement en accusation le chef de l'État, qui s'est lui-même déclaré et reconnu responsable, sans dire toutefois ni quand ni comment cette responsabilité théorique pourrait passer dans le domaine des faits?

Mais si ce moyen est légal, il n'est guère pacifique ; et, de même que le précédent, il aboutit encore, en définitive, à une insurrection, c'est-à-dire à une révolution violente... Or, c'est une révolution pacifique que demande la majorité de l'opposition. Ce moyen n'est donc pas encore celui qu'il faut employer. Mais alors, quel est le bon ? va-t-on demander. Nous sommes donc condamnés à subir l'empire et ses caprices à perpétuité ? Dam ! peut-être bien et c'est à craindre, si nous avons peur à perpétuité du chassepot.

·Cependant, ne désespérons pas. Il existe un moyen, que nous indiquions déjà en Décembre dernier, dans notre brochure *la France sous Napoléon III*. Ce moyen, dont nul n'a fait cas alors et que recommande aujourd'hui Félix Pyat, c'est un chômage général de tous les ouvriers.

Devant une telle manifestation, les baïonnettes et les chassepots sont impuissants. Si les soldats peuvent jusqu'à un certain point et abusant de la force brutale, percevoir les impôts, que le Sénat voterait à défaut du Corps législatif, ils ne peuvent pas, du moins, forcer personne à travailler malgré soi. Ici, le peuple n'a absolument rien à craindre ; il n'a ni à attaquer, ni à se défendre. Il se borne à se promener ou à rester tranquillement chez lui, sans aucun danger ni pour sa vie, ni pour sa liberté.

Et qu'on ne vienne pas se récrier contre l'impossibilité pratique d'un tel moyen; qu'on ne parle pas de la misère de l'ouvrier, ni du besoin qu'il a de travailler chaque jour pour manger; car nous répondrions aussitôt que cette misère peut être facilement évitée, si chacun de nous qui en ont la possibilité veut bien mettre en pratique envers son voisin le principe de la solidarité et, dans un intérêt patriotique, prèter à celui qui n'a rien un peu de ce qu'il possède.

D'autre part, est-ce que l'ouvrier n'est pas à tout moment exposé à se trouver forcé de chômer, soit par la maladie, soit par le mauvais temps, si son travail s'effectue en plein air, soit encore par suite de crises financières ou politiques?

Pourquoi donc ne chômerait-il pas un peu volontairement, pour conquérir sa liberté et le droit de n'être plus exploité par personne? Est-ce qu'un tel but à atteindre, s'affranchir et se réhabiliter — car l'esclavage déshonore les peuples qui le subissent trop longtemps — est-ce qu'un tel but à atteindre, répétons-nous, ne mérite pas un peu quelques sacrifices, quelques privations ?

D'ailleurs, qu'on se rassure : sacrifices et privations seraient de courte durée. Il ne faudrait pas huit jours de chômage général, pour que l'empire se vît contraint de renoncer à la partie et de s'avouer honteusement vaincu. Le peuple, la liberté, le droit triompheraient alors pacifiquement, sans qu'un seul coup de fusil fût tiré, sans qu'il eût aucun désordre ni aucune victime à déplorer; et la République s'établirait sans qu'aucun deuil particulier vînt attrister l'allégresse universelle.

Mais — tellement a pu s'abaisser le niveau général du courage civique!—peut-être trouvera-t-on ce moyen trop héroïque. Dans ce cas, il reste à faire ceci, qui ne demande qu'un peu de bonne volonté, qu'un peu d'empire sur soi-même, pour se priver d'une jouissance de superflu, sans s'exposer à souffrir de la soif ni de la faim : mettre en quarantaine les contributions indirectes, en renonçant au tabac, au vin et aux liqueurs.

Dira-t-on encore que cela est chimérique et impossible? — Soit ! Mais alors, s'il en est ainsi, qu'on n'ait même pas le facile courage de se restreindre dans ce qui dépasse le strict nécessaire; si l'on préfère un cigare ou un verre de vin à l'honneur et à la liberté; si nous avons à la fois peur du chassepot, du chômage et des plus légères privations, que parle-t-on de revendication? Si nous sommes à ce point lâches et mous, que tout nous dérange, nous incommode et nous effraie, tout est dit, la France actuelle est jugée, nous sommes un peuple de viveurs et de ramollis. Dans ce cas, vils esclaves, attendons tout avec résignation de la bonne volonté du maître, mais ne lui réclamons rien, puisque nous ne sommes pas capables, pour appuyer nos revendications, de joindre l'action à la parole. Prions le maître, prions-le seulement... et encore pas trop, car il pourrait bien nous donner le fouet, pour nous faire taire et nous empêcher de l'importuner.

Qu'on le sache bien, cependant : si nous abdiquons ainsi toute dignité virile, c'en est fait à jamais de la France ; le peuple qui fut un moment le premier du monde a cessé de vivre, il est redevenu la proie des barbares, et les petits-fils des géants de 92, soumis aux caprices intermittents d'une vessie malade, n'ont bien réellement que le gouvernement qu'ils méritent. Les hommes de cœur et de courage n'ont qu'à déserter en le reniant, ce pays de lâches, d'eunuques et de corrompus, l'abandonnant sans pitié à la gangrène qui le ronge depuis dix-sept ans et achèvera bientôt de le faire tomber en pourriture.

Mais non ! il n'en sera pas ainsi, et le peuple dont les enfants savent si vaillamment mourir sur les champs de bataille pour des causes qui ne les intéressent nullement, ce peuple saura bien trouver une heure d'élan pour secouer enfin le joug, après avoir patiemment épuisé, l'une après l'autre, toutes les voies pacifiques et légales.

Armons-nous donc tous de courage et tenons-nous prêts pour le jour où il s'agira de vaincre ou de mourir, au cri de : Vive la liberté !

DU MÊME AUTEUR

LES LOISIRS D'UN PRISONNIER

DEUX VOLUMES IN-8°

Prix 5 fr. ; par la poste, 5 fr. 80 cent.

EN VENTE A MARSEILLE

A l'imprimerie SAMAT , quai du Canal, 15